la Moisson.

# ALPHABET du PETIT VILLAGEOIS,

Orné de 26 Gravures.

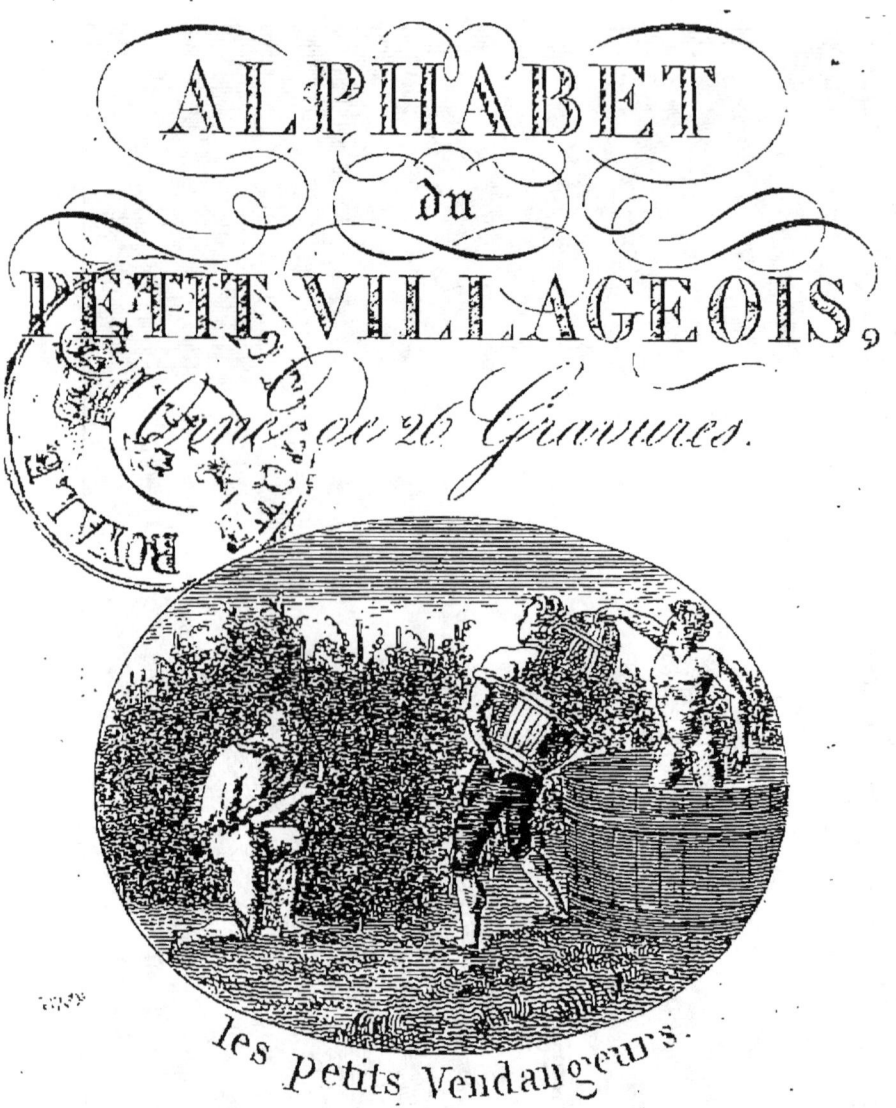

les petits Vendangeurs.

## PARIS,

Locard et Davi, Libraires et Imprimeurs en Taille-douce, rue de Seine,
S. G. N.º 54, et Palais Royal, galerie de bois, côté du Jardin, N.º 246 et 247,
attenant au Cabinet Littéraire.

Darne, Libraire, Quai des Orfèvres, N.º 18.

1818.

# ALPHABET
## DU PETIT VILLAGEOIS,

CONTENANT :

1° De grosses lettres, et les ba, be, bi, bo, bu;

2° Les mots d'une, deux, trois, quatre, cinq et six syllabes, le tout bien divisé;

3° De petites phrases instructives, divisées pour faciliter les enfants à épeler, le tout en très-gros caractères;

4° Un petit tableau des travaux de l'agriculture, avec les noms et la description des principaux instrumens aratoires, et une nomenclature des grains, graines et plantes nécessaires à la subsistance et à la santé de l'homme et des animaux, *orné de vingt-cinq gravures en taille-douce*, correspondant aux vingt-cinq lettres de l'alphabet, etc., etc.

DE L'IMPRIMERIE DE WARIN-THIERRY.

## A PARIS,

Chez LOCARD et DAVI, Libraires, quai des Augustins, n° 3, en-face le pont Saint-Michel.

1820.

| A | B |
|---|---|
| C | D |
| E | F |

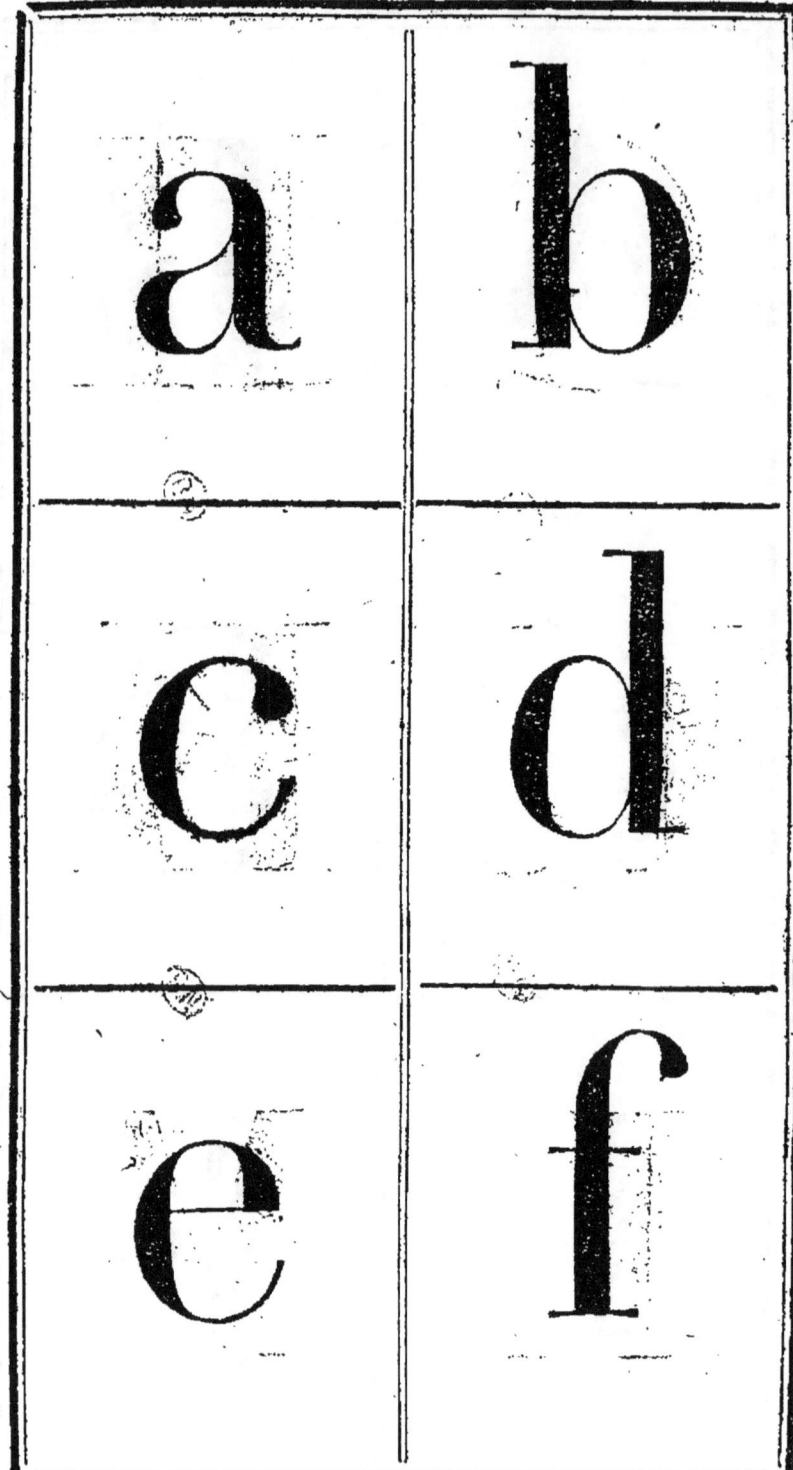

|   |   |
|---|---|
| G | H |
| I J | K |
| L | M |

| g | h |
|---|---|
| i j | k |
| l | m |

N O

P Q

R S

|   |   |
|---|---|
| n | o |
| p | q |
| r | s |

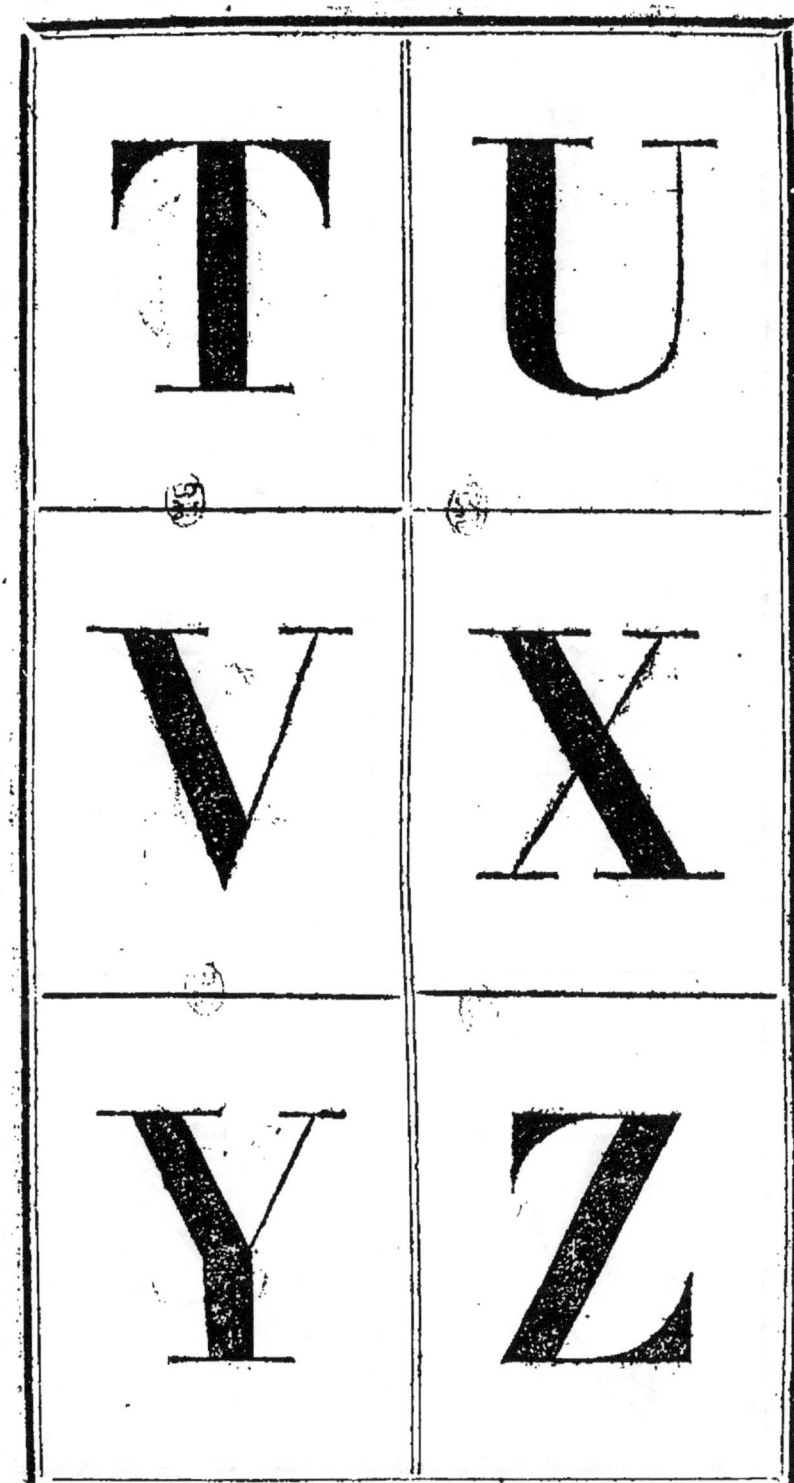

|  |  |
|---|---|
| t | u |
| v | x |
| y | z |

A B C D
E F G H
I J K L
M N O P
Q R S T
U V X Y Z.

( 11 )

a b c d

e f g h

i j k l

m n o p

q r s t

u v x y z.

| A | B | C | D |
| E | F | G | H |
| I | J | K | L |
| M | N | O | P |
| Q | R | S | T |
| U | V | X | Y | Z. |

---

| a | b | c | d | e |
| f | g | h | i | j |
| k | l | m | n | o |
| p | q | r | s | t |
| u | v | x | y | z. |

*Les lettres doubles.*

æ  œ  fi  ffi
fi  ffi  fl  ffl
ff  fb  fl  ff
ft  w.

## PONCTUATION.

Apostrophe ( ' ) l'orage
Trait-d'union (-) Porte-feuille
Guillemet ( « )
Parenthèses ( )
Virgule ( , )
Point et virgule ( ; )
Deux points ( : )
Point ( . )
Point d'interrogation ( ? )
Point d'exclamation ( ! )

*Voyelles.*

a e i ou y o u

*Syllabes.*

ba be bi bo bu
ca ce ci co cu
da de di do du
fa fe fi fo fu
ga ge gi go gu
ha he hi ho hu
ja je ji jo ju
ka ke ki ko ku

| | | | | |
|---|---|---|---|---|
| la | le | li | lo | lu |
| ma | me | mi | mo | mu |
| na | ne | ni | no | nu |
| pa | pe | pi | po | pu |
| qua | que | qui | quo | qu |
| ra | re | ri | ro | ru |
| sa | se | si | so | su |
| ta | te | ti | to | tu |
| va | ve | vi | vo | vu |
| xa | xe | xi | xo | xu |
| za | ze | zi | zo | zu |

| ab | eb | ib | ob | ub |
| ac | ec | ic | oc | uc |
| ad | ed | id | od | ud |
| af | ef | if | of | uf |
| ag | eg | ig | og | ug |
| ah | eh | ih | oh | uh |
| ak | ek | ik | ok | uk |
| al | el | il | ol | ul |
| am | em | im | om | um |
| an | en | in | on | un |
| ap | ep | ip | op | up |
| aq | eq | iq | oq | uq |
| ar | er | ir | or | ur |
| as | es | is | os | us |

| at | et | it | ot | ut |
| bla | ble | bli | blo | blu |

| at  | et  | it  | ot  | ut |
|-----|-----|-----|-----|-----|
| av  | ev  | iv  | ov  | uv |
| ax  | ex  | ix  | ox  | ux |
| az  | ez  | iz  | oz  | uz |

---

| bla | ble | bli | blo | blu |
|-----|-----|-----|-----|-----|
| bra | bre | bri | bro | bru |
| cha | che | chi | cho | chu |
| cla | cle | cli | clo | clu |
| cra | cre | cri | cro | cru |
| dra | dre | dri | dro | dru |
| gla | gle | gli | glo | glu |
| gna | gne | gni | gno | gnu |
| gra | gre | gri | gro | gru |
| pha | phe | phi | pho | phu |

2*

| | | | | |
|---|---|---|---|---|
| pla | ple | pli | plo | plu |
| pra | pre | pri | pro | pru |
| tla | tle | tli | tlo | tlu |
| tra | tre | tri | tro | tru |

*Lettres accentuées.*

é ( aigu )
à è ù ( graves )
â ê î ô û ( circonflèxes )
ë ï ü ( tréma )
ç ( cédille )

---

Pâ-té    Mè-re
Le-çon    Mê-me
Maî-tre    A-pô-tre
Hé-ro-ï-ne.

*Mots qui n'ont qu'un son, ou qu'une syllabe.*

| | |
|---|---|
| Pain | Vin |
| Chat | Rat |
| Four | Blé |
| Mort | Corps |
| Trop | Moins |
| Art | Eau |
| Marc | Veau |
| Champ | Pré |
| Vent | Dent |
| Vert | Rond |

*Mots à deux sons, ou deux syllabes à épeler.*

Pa-pa    Cou-teau
Ma-man   Cor-don
Bal-lon  Cor-beau
Bal-le   Cha-meau
Bou-le   Tau-reau
Chai-se  Moi-neau
Poi-re   Ton-neau
Pom-me   Mou-ton
Cou-sin  Ver-tu
Gâ-teau  Vi-ce

*Mots à trois sons, ou trois syllabes à épeler.*

Or-phe-lin
Scor-pi-on
Ou-vra-ge
Com-pli-ment
Nou-veau-té
Cou-tu-me
Mou-ve-ment
His-toi-re
Li-ber-té
Li-ma-çon

A-pô-tre
Vo-lail-le
Ci-trouil-le
Mé-moi-re
Car-na-ge
Ins-tru-ment
Su-a-ve
Fram-boi-se
Gui-mau-ve
U-sa-ge

*Mots à quatre sons, ou quatre syllabes à épeler.*

E-ga-le-ment
Phi-lo-so-phe
Pa-ti-en-ce
O-pi-ni-on
Con-clu-si-on
Zo-di-a-que
E-pi-lep-sie
Co-quil-la-ge
Di-a-lo-gue
Eu-cha-ristie.

*Mots à cinq sons, ou cinq syllabes à épeler.*

Na-tu-rel-le-ment
Cor-di-a-li-té
Ir-ré-sis-ti-ble
Cou-ra-geu-se-ment

In-con-vé-ni-ent.
A-ca-ri-â-tre
In-do-ci-li-té
In-can-des-cen-ce
Ad-mi-ra-ble-ment.
Cu-ri-o-si-té
In-ex-o-ra-ble.

*Mots à six sons*, ou *six syllabes à épeler.*

In-con-si-dé-ré-ment
Per-fec-ti-bi-li-té
O-ri-gi-na-li-té
Ma-li-ci-eu-se-ment
As-so-ci-a-ti-on
Va-lé-tu-di-nai-re.

## Phrases à épeler.

J'ai-me mon pa-pa.
Je ché-ris ma ma-man.
Mon frè-re est un bon gar-çon.
Ma sœur est bien ai-ma-ble.
Mon cou-sin m'a don-né un pe-tit se-rin.
Ma cou-si-ne m'a pro-mis un gâ-teau.
Grand pa-pa doit ap-por-ter un jeu-ne chien.
Gran-de ma-man me don-ne-ra pour é-tren-nes un che-val de car-ton.

J'i-rai de-main me pro-me-ner sur les bou-le-varts a-vec mes ca-ma-ra-des.

Thé-o-do-re a un beau cerf-vo-lant a-vec le-quel je m'a-mu-se-rai bien.

La mai-son de ma tan-te à Vau-gi-rard est très-jo-lie. Il y a dans la cour un grand jeu de quil-les.

Mon on-cle Tho-mas a a-che-té un pe-tit écu-reuil que je vou-drais bien a-voir pour me di-ver-tir.

Di-man-che je n'i-rai pas à l'é-co-le; mon cou-sin Au-gus-te vi-en-dra me cher-cher pour al-ler à la pro-me-na-de.

*Phrases à épeler.*

Il n'y a qu'-un seul Di-eu qui gou-ver-ne le ci-el et la ter-re.

Ce Di-eu ré-com-pen-se les bons et pu-nit les mé-chans.

Les en-fants qui ne sont pas o-bé-is-sants, ne sont pas ai-més de Di-eu ni de leurs pa-pas et ma-mans.

Il faut fai-re l'au-mô-ne aux pau-vres; car on doit a-voir pi-ti-é de son sem-bla-ble.

Un en-fant ba-bil-lard et rap-por-teur, est tou-jours re-bu-té par tous ses ca-ma-ra-des.

On ai-me les en-fants do-ci-les ; on leur don-ne des bon-bons.

*Phrases à épeler.*

Un en-fant doit ê-tre po-li.

Un en-fant bou-deur est ha-ï de tout le mon-de.

Un en-fant qui est hon-nê-te et qui a bon cœur, est ché-ri de tous ceux qui le con-nais-sent.

Le li-on est le roi des a-ni-maux.

L'ai-gle est le roi des oi-seaux.

Le lys est le roi des fleurs; la ro-se en est la rei-ne.

L'or est le pre-mier des mé-taux; il est le plus dur et le plus ra-re.

La ba-lei-ne est le plus gros des pois-sons de la mer.

Le bro-chet est un pois-son vo-ra-ce, qui dé-truit les autres pois-sons des ri-viè-res et des é-tangs.

L'hom-me a cinq sens, ou cinq ma-ni-è-res d'a-per-ce-voir ou de sen-tir ce qui l'en-vi-ron-ne.

Il voit a-vec les yeux.

Il en-tend par les o-reil-les.

Il goû-te a-vec la lan-gue.

Il flai-re ou res-pire les o-deurs a-vec le nez.

Il tou-che a-vec tout le corps, et prin-ci-pa-le-ment a-vec les mains.

*Phrases à épeler.*

Les qua-tre é-lé-ments qui com-po-sent no-tre

glo-be, sont : l'air, la ter-re, l'eau et le feu.

Sans air, l'hom - me ne peut res-pi-rer.

Sans la ter - re, l'hom me ne peut man-ger.

Sans eau, l'hom - me ne peut boi-re.

Sans feu, l'hom - me ne peut se chauf-fer.

La ré-u-nion de ces qua-tre é-lé-ments est donc né-ces-saire à l'hom - me pour vi-vre.

C'est l'air a-gi-té qui pro-duit les vents, qui cau - se les o-ra-ges, les tem-pêtes, et qui est la sour-ce de mil-le phé-no-mè-nes qui ar-ri-vent jour-nel-le-ment dans l'at-mos-phè-re.

C'est la ter-re qui pro-duit tou-tes les subs-tan-ces vé-gé-ta-les dont l'hom-me se nour-rit, ain-si que les a-ni-maux qui la cou-vrent; c'est au fond de la ter-re qu'on trou-ve le mar-bre, l'or, l'ar-gent, le fer et tous au-tres mé-taux.

C'est dans l'eau, c'est-à-dire dans la mer, les fleu-ves, les ri-viè-res et les ruis-seaux que l'on pê-che cet-te quan-ti-té pro-di-gi-eu-se de pois-sons de tou-tes gran-deurs et de tou-tes gros-seurs, qui ser-vent d'a-li-ments à l'homme.

C'est le feu qui é-chauf-fe la ter-re, et qui a-ni-me et qui vi-vi-fie tou-te la na-tu-re. C'est le feu qui nous é-clai-re dans les té-nè-bres.

---

Les fleurs sont la pa-ru-re de la ter-re, et l'or-ne-ment de nos de-meu-res qu'el-les par-fu-ment de leurs o-deurs a-gré-a-bles.

Les prin-ci-pa-les fleurs

qui em-bel-lis-sent nos jar-dins et par-fu-ment l'air, sont l'œil-let, la re-non-cu-le, la jon-quil-le, la vi-o-let-te, le mu-guet, la tu-bé-reu-se, la gi-ro-flée, la pen-sée, l'i-ris, l'hé-li-o-tro-pe, la mar-gue-ri-te, le jas-min, le li-las, l'a-né-mone, l'hor-ten-si-a, la tu-li-pe, etc. etc.

---

Les ar-bres font l'or-ne-ment de la ter-re.

Les prin-ci-paux ar-bres qui por-tent des fruits pro-pres à la nour-ri-tu-re de l'hom-me, sont le pom-mier, le poi-rier, le pê-cher, l'abri-co-tier, le pru-nier, le ce-ri-sier, le gro-seil-ler, le né-fli-er, le co-gnas-sier, l'o-ran-ger, le ci-tron-nier, le no-yer, etc. etc.

Les ar-bres qui ne por-tent point de fruits pro-pres à la nour-ri-tu-re de l'hom-me, ser-vent à d'au-tres u-sa-ges, et sont em-plo-yés, soit en bû-ches, soit en plan-ches, soit d'au-tre ma-ni-è-re pour les be-soins ou les a-gré-ments de la so-ci-é-té.

Les prin-ci-paux de ces ar-bres sont le chê-ne, l'or-me, le peu-plier, l'é-ra-ble, le sa-pin, le pin, le bou-is, le sau-le, l'a-ca-ci-a, etc.

Les plan-tes que le ci-el a se-mées sur la sur-fa-ce de la ter-re, se di-vi-sent en plan-tes po-ta-gè-res et en plan-tes mé-di-ci-na-les.

Les prin-ci-pa-les plan-tes po-ta-gè-res sont : la ca-rot-te, le na-vet, le chou, le pa-nais, les ra-ves, le po-ti-ron, la lai-tue, le per-sil, la ci-bou-le, le cer-feuil, les sal-si-fis, le cé-le-ri, le poi-reau, les é-pi-nards, l'o-seil-le, etc.

Les prin-ci-pa-les plan-tes mé-di-ci-na-les sont : la bour-ra-che, le chi-en-dent, la gui-mau-ve, la co-ri-an-dre, la fu-me-ter-re, etc. etc.

## A. ABEILLES.

Les Abeilles sont une espèce de Mouches à quatre aîles, qui produisent, en extrayant le suc des fleurs ou des plantes, le miel et la cire.

Dans une Ruche, qui est l'habitation des Abeilles, on distingue une Reine, qui est la seule femelle de l'espèce; les Faux-Bourdons, qui sont les mâles, et les ouvrières, qui n'ont aucun sexe, et qu'on nomme les Neutres.

Comme les Abeilles sont très-laborieuses, elles sont une richesse pour la campagne; aussi les élève-t-on dans des Ruches, qui sont faites de paille de seigle. On place ces Ruches sous une espèce d'hangar, appelé Rucher, pour les mettre à l'abri des intempéries de l'air.

---

## B. BERGERIE, BRUYÈRES.

On appelle Bergerie, le lieu où l'on met les Moutons, les Brebis, les Agneaux. Ce lieu est construit de manière que ces animaux y sont sainement et chaudement. On le sépare ordinairement en plusieurs parties avec des claies, pour mettre d'un côté les Agneaux avec leurs mères, et de l'autre les Brebis, ou bien pour séparer les Chèvres et les Boucs.

Les BRUYÈRES sont des terres incultes et ingrates, qui ne portent qu'une herbe sèche et très-maigre, et quelques arbustes stériles.

---

## C. CHARRUE.

LA Charrue pour labourer est composée de deux roues et d'un essieu, sur lequel est dressée la Sellette à laquelle sont attachés le Timon, le Soc, le Coutre, les Oreilles et le Manche.

Il faut que le Soc et le Coutre entrent suffisamment dans la terre pour la verser dans le Sillon, et que la Charrue pique convenablement, suivant la qualité de la terre qu'on travaille.

On laboure avec des Chevaux, des Bœufs, des Mulets, et même avec des Anes.

---

# D. DOMAINE.

On entend généralement par ce mot un Héritage, un Fonds, une Habitation, un Bien de campagne.

Dans un Domaine, on recueille du Blé, du Seigle, de l'Orge et des Pommes de terre, du Foin, de l'Avoine, du Sainfoin, de la Luzerne.

On y élève des Vaches et des Chèvres, pour avoir du lait, du Beurre et du Fromage; des Moutons et des Brebis, dont la Laine sert à nous couvrir; des Oies, des Canards, des Poules et des Poulets, des Pigeons et des Lapins, qui servent d'aliments à l'homme, ainsi que les Œufs. La plume de cette volaille est employée à divers usages de la vie.

## E. ETABLE. ECURIES.

Lieu où l'on met les Vaches et les Anes; on le construit presque toujours dans la Basse-Cour; la meilleure exposition est au midi; on y fait ordinairement un plancher au-dessus, pour les fourrages de ces animaux, et ceux-ci en sont plus chaudement. Le terrain doit en être plus bas que celui des autres pièces.

Les Ecuries pour les Chevaux sont aussi placées dans la Basse-cour ; elles doivent être élevées au-dessus du rez-de-chaussée de la cour, et garnies de rateliers, de mangeoires et de tous les ustensiles nécessaires, comme étrilles, peignes, éponges, fourches de fer.

Les greniers pour le foin, la paille et l'avoine, doivent être au-dessus des Ecuries.

---

## F. FORETS. BOIS.

Vaste et naturelle plantation d'Arbres de toute espèce, de tout âge et d'une grandeur plus ou moins considérable.

Les Bois, moins considérables que les Forêts, se distinguent en Bois Taillis, Hautes Futaies, consacrés aux divers usages que l'homme veut leur donner.

Les Forêts et les Bois sont habités par un grand nombre d'animaux, comme les Cerfs, les Daims, les Sangliers, les Loups, les Lièvres, les Lapins, les Chats sauvages, les Ecureuils. Les Feuillages des arbres servent d'asile et de retraite aux oiseaux qui y font leurs nids.

## G. GUERET. GRANGE.

On appelle Guéret une terre labourée et non ensemencée. On donne quelquefois ce nom aux Jachères, ou terres en friche que l'on ne sème que tous les trois ans.

On appelle Grange le bâtiment où l'on bat les grains avec les Fléaux; c'est par le moyen de cet instrument qu'on détache le grain de l'épi.

On entasse les gerbes dans les travées qui sont aux deux côtés de la Grange.

## H. HERBAGES.

Les Herbages sont les Prés qui

sont situés sur le penchant des collines; ils produisent une herbe plus délicate que celle des vallées et le long des rivières. En Normandie, on donne ce nom à des Prés ou des Prairies destinées uniquement à élever et engraisser les bestiaux que l'on vend aux bouchers pour la nourriture et la consommation des villes.

## I. INSECTES NUISIBLES.

PARMI les Insectes nuisibles aux productions de l'agriculture, on remarque :

1° Le Charençon, qui se niche au fond des tas de blé; il ronge toujours au milieu du grain, en épargnant l'enveloppe.

2º Les Fourmis, qui sont les plus grands destructeurs des Fruits.

3º Les Gallinsectes, qui naissent et croissent sur les arbres, les arbrisseaux et certaines plantes qu'ils endommagent fortement.

4º Le Tibule qui insère ses œufs dans les fleurs du Froment.

5º La fausse Teigne, qui se loge dans les grains.

6º Les Pucerons qui causent des altérations aux plantes.

7º Les Mange-froment, chenilles pernicieuses aux blés, quand ils sont sur pied; elles en mangent la substance et en rongent les épis.

## J. JACHÈRES. JAVELLES.

Le Laboureur appelle Jachères les terres épuisées et qu'il abandonne pendant plusieurs années sans les labourer, pour les travailler, dans la suite, avec plus de profit.

On appelle Javelles les poignées d'épis que l'on étend par terre, à mesure qu'on scie le blé, avant qu'il sèche et avant qu'on le mette en Gerbes.

## K. KERMÈS

Ce Gallinsecte vient sur une très-petite espèce de Chêne verd, arbriseau de deux ou trois pieds, qui croît en Provence, en Languedoc, en Espagne, et dans l'île de Candie. Ses coques, ramassées de bonne heure et séchées, ressemblent à la Cochenille ; il est très-utile pour la teinture de la laine et de la soie.

## L. LAITERIE.

Dans un Domaine, une Ferme ou une Métairie, on nomme Laiterie le lieu où l'on fait tout ce qui concerne le lait, comme crème, beurre, fromage, etc. Pour qu'une Laiterie soit bonne, il faut qu'elle soit souterraine, que la porte d'entrée ne soit pas à l'ex-

térieur. Elle doit être voûtée, carrelée, avec une pente pour l'écoulement des eaux, et des soupiraux dirigés vers le Nord. Une Laiterie doit être souvent balayée ; on doit aussi avoir soin d'écarter loin d'elle le fumier et les ordures.

---

# M. MARAIS.

Grands espaces de terre, remplis d'eau qui y croupit, qui ne produisent que des joncs, des roseaux et autres herbes grossières, dont on sait tirer parti à la campagne, pour faire les couvertures des étables, des chaumières, etc., etc.

On peut dessécher ces Marais en faisant écouler les eaux. Desséchés, on en tire le plus grand parti pour la culture des grains et des plantes potagères.

---

## N. NAVETTE, NOYER.

La Navette est d'une grande utilité aux champs. Sa fleur est jaune et quelquefois blanchâtre. Elle fournit une nourriture excellente à l'Abeille ; on en peut manger les rejetons en salade ; la menue paille qu'elle produit fait un bon fourrage pour les bestiaux ; la grosse est bonne à brûler. L'huile qu'on tire de sa semence s'emploie

en cuisine ; on la brûle, et elle sert aussi à la préparation du savon et des cuirs.

Le NOYER est un arbre assez commun, qui croît presque partout. Son fruit, qu'on appelle Noix, se mange en Cerneaux ou séché. On en tire une huile qui est d'une grande utilité à la campagne ; on l'emploie aussi avec avantage dans les arts. Le bois de cet arbre est d'une grande utilité aux menuisiers, ébénistes et tourneurs, qui en font de beaux meubles, et des ouvrages de tabletterie.

## O. ORGE.

L'Orge est regardée comme un

des grains les plus utiles, après le Froment. Dans certains pays, on en fait de la bierre ; on en fait du pain dans quelques endroits, au défaut de Froment. Elle sert de nourriture aux bestiaux et à la volaille. En médecine, on s'en sert aussi pour faire de la tisane et des décoctions.

Le pain d'Orge pur n'est point agréable au goût ; mais, en le mélangeant avec du Seigle et du Froment, par portions égales, il devient d'un emploi utile.

---

## P.   PEPINIÈRE.

On entend par Pépinières des

plants d'arbres qu'on tient serrés sur une même ligne ou plusieurs, distans de trois pieds au plus l'un de l'autre, pour être greffés et levés dans le besoin.

Avec les plants d'arbres tirés des Pépinières, on remplace les vieux arbres par de jeunes, dans les Vergers, Parcs ou Enclos, ainsi que dans les Jardins.

---

Q. *Quadrupèdes employés aux travaux de la campagne.*

Les animaux employés aux travaux de la campagne sont : le Cheval, le Mulet, le Bœuf et l'Ane.

Les animaux nécessaires à la garde et à la conservation des produits de la terre, déposés dans les bâtimens de la Ferme ou de la Métairie, sont le Chien et le Chat. Le Chien, par sa vigilance, met en fuite les voleurs; le Chat fait la chasse aux rats et aux souris qui rongeraient et mangeraient les grains et les fruits.

---

# R. RIGOLES, ROULEAU.

On donne le nom de RIGOLES à de petits fossés pratiqués exprès pour retirer les eaux des terres qui sont trop humides. On désigne aussi sous cette dénomination un petit canal d'eau que l'on tire de la rivière qui borde un pré, canal qui est très-utile pour arroser les herbages des Prairies.

Le ROULEAU est un cylindre de bois dur, de pierre et quelquefois même de fonte, qui sert à passer sur les terres nouvellement semées, ou sur les blés, après les gelées, afin d'enterrer les racines soulevées pendant l'hiver, ou enfin sur certaines graines qui demandent à être serrées dans la terre.

---

# S. SEMAILLES, SEMENCES, SON.

On appelle Semailles le temps

des Semences, c'est-à-dire, celui où l'on sème les grains.

La SEMENCE est le grain ou la graine qu'on sème.

Le SON est l'écorce du blé. Il sert à nourrir les animaux et à engraisser les volailles.

## T. TERRES.

On entend par ce mot, en agriculture, les Terres labourées, les Prés, les Prairies, les Jachères d'un Domaine, d'une Ferme ou d'une Métairie.

Les Terres sont plus ou moins bonnes. Les unes sont propres à produire du Blé, les autres de l'Avoine ou de l'Orge; quelques-unes enfin demandent à être ensemencées en graines ou Légumes.

Quand une terre est fatiguée, ou plutôt épuisée de ces sucs nourriciers, on lui redonne de la vigueur à produire de nouveau, en y mettant du fumier.

---

# U. UREDO. ROUILLE.

Espèce de Champignon, qui vit sous l'épiderme des Feuilles des Plantes, et qui leur est très-nuisible; il est surtout à redouter pour les Cultivateurs, attendu qu'il porte le plus grand dommage au Froment. On ne parvient point à s'opposer à ses désastrueux effets par le chaulage; on peut seulement les diminuer, en coupant les Feuilles des céréales, le moins de temps possible avant la montée des tiges.

---

## V. VIVIER.

Réservoir ou pièce d'eau vive dans lequel on met du poisson, et qui sert en outre à l'arrosement du Jardin; il doit être profond au moins de quatre pieds, revêtu de terre forte ou de terre glaise; on y fait couler la décharge de quelque bassin ou de quelque ruisseau.

Les Viviers, ainsi que les Fossés

doivent être curés et nettoyés avec soin tous les dix ans.

## X. XYLOMA.

Genre de Champignon parasite, très-multiplié sur les Feuilles des Arbres qui sont languissans, et qui concourt puissamment à augmenter leur état de faiblesse. Les deux espèces qui s'attachent à l'Erable et au Peuplier, sont toutes deux noires, et couvrent quelquefois la plus grande partie des Feuilles de ces Arbres. Il n'y a pas de moyen, au reste, de s'opposer à la multiplication de ces Champignons, dont le mode de végétation n'est pas encore bien connu.

---

## Y. YVRAIE.

Plante qui croît parmi les blés, auxquels elle est très-nuisible. Aussi doit-on avoir grand soin de la détruire.

Cette Plante porte sur sa tige un épi chargé de gousses piquantes, dans lesquelles sont quelques grains noirs, qui ont la force d'enivrer.

L'yvraie est produite par la putréfaction du Froment et de l'Orge, laquelle est causée par les grandes pluies.

## Z. ZACCON.

Espèce de Prunier exotique qui croît dans la plaine de Jéricho; il est grand comme un Oranger, et a des Feuilles semblables à celles de l'Olivier, mais plus petites, plus étroites, plus pointues et fort vertes; ses Fleurs sont blanches et son Fruit est de la grosseur d'une Prune, rond, verd au commencement, mais en mûrissant il devient jaune et renferme un noyau comme la Prune. On tire de ce Fruit, par expression, une huile qui est propre à plusieurs usages et qui est utile surtout en Médecine.

## Les fruits de l'expérience.

En se promenant, deux enfans s'approchèrent d'un noyer. Sous ce noyer ils trouvèrent une noix, qu'il s'agissait de partager.

L'un des deux l'ouvrit et laissa le choix à l'autre de prendre l'intérieur de la noix : « l'extérieur ! » s'écria celui-ci, qui n'avait point encore vu de noix. Il obtint ce qu'il avait désiré; mais il vit bientôt, avec le plus grand déplaisir, qu'il s'était trompé; car il ne put manger la coque de la noix.

« Une autre fois je serai plus « avisé », se dit cet enfant : puis ils continuèrent leur chemin. Ils arrivèrent dans un Jardin, où ils trouvèrent un abricot mûr, fruit que cet enfant n'avait jamais vu.

« Cette fois-ci, dit celui des deux « qui avait la première fois choisi « la coque de noix, j'aurai l'inté- « rieur, et toi l'extérieur. » — « Fort bien ! » répondit son camarade, et il dépouilla le noyau de l'abricot qu'il donna à l'autre. Celui-ci voulut le manger, mais il trouva qu'il s'était encore trompé

*L'expérience ne sert qu'à ceux qui y réfléchissent, et qui en font usage avec discernement.*

## L'Enfant propre.

Il y avait à Paris une petite fille, qu'on appelait la gentille Suzette. Elle était si propre que c'était un charme de la voir. Quand elle mangeait, buvait ou jouait, elle prenait toujours bien garde de ne pas se salir; et, aussitôt qu'elle s'appercevait de quelque chose de malpropre à ses mains ou à son visage, elle courait vers sa mère, en disant : « Chère ma-
« man, il y a là quelque chose
« de sale, ayez la bonté de le
« laver ».

Quand elle eut atteint l'âge de

cinq ans, elle se lavait elle-même et ne demandait que de l'eau et un essuie-mains, toutes les fois qu'elle remarquait sur elle quelque malpropreté. Son linge était toujours blanc comme de la neige, et jamais on ne voyait à ses habits ou sur sa coiffure la moindre chose de taché ou de déchiré.

Une grande dame qui avait remarqué tout cela dans la gentille Suzette, le raconta à la Reine, et la Reine lui demanda de vouloir bien lui amener la petite Suzette : ce qui eut lieu. La Reine eut beaucoup de plaisir à voir cette charmante petite créature. Suzette voulut lui baiser le pan de la robe, mais la Reine lui donna un baiser sur la bouche.

Elle fit aussi venir les petites Princesses pour jouer avec elle, et enfin elle lui donna plein son tablier de jolis joujoux.

*C'est ainsi qu'on se rend aimable par la propreté.*

―――――

*Une bonne action ne reste jamais sans récompense.*

―――

J'ÉTAIS sur un vaisseau, dit un Navigateur, et j'apperçus un canot venant à nous. Quand il fut à notre portée, il s'entr'ouvrit, et deux frères qu'il portait, allèrent au fond de l'eau.

Un homme riche qui était auprès de moi, promit cent louis à qui les sauverait.

Un matelot se précipita dans l'eau; il en sauva un, et l'autre se noya.

— Pourquoi, lui dis-je, as-tu sauvé celui-ci? l'autre courait bien plus de danger.

— Cela est vrai, répondit-il ; mais je n'en pouvais sauver qu'un, et j'ai mieux aimé sauver celui-ci que son frère. Dans un voyage que j'ai fait en Italie, ce jeune homme a prévenu mes besoins, il m'a donné un de ses chevaux, le mien étant tout-à-fait fatigué, et tout le reste du voyage il m'a défrayé.

Son frère, au contraire, homme violent et emporté, m'a traité comme un domestique.

*Dieu est juste*, m'écriai-je! *celui qui fait le bien s'en fait à soi-même ; le mal retombe sur celui qui fait le mal.*

## L'Enfant téméraire.

Le petit Ernest le Téméraire portait ce nom à juste titre. Il appelait poltrons tous ses petits camarades, qui évitaient de faire des prouesses qu'ils savaient être dangereuses, ou qu'on leur avait représentées comme telles.

Pour lui, de tous les amusemens, il préférait toujours ceux où il y avait quelque chose à hasarder.

Voyait-il quelque part une échelle, il fallait qu'il y montât jusqu'en haut, sans s'assurer auparavant si elle était dressée d'une manière à ne pouvoir glisser.

Pour cueillir des fruits, il s'exposait sur les branches les plus minces et les plus fragiles, et tout cela lorsqu'il n'y avait là aucune grande personne présente.

Y avait-il un escalier de cinq ou six marches, il les sautait toutes d'une seule fois.

Il n'avait pas fait tous ces essais, sans attraper par-ci par-là quelques coups, des bosses à la tête, et des contusions sur le corps ; ni sans être châtié de sa témérité par ses père et mère ou ses surveillans ; il se corrigea à la fin et il devint sage ; mais, hélas ! trop tard, par le terrible accident que voici :

Un jour, Ernest sautant sur des poutres séparées les unes des autres, et qui étaient sur l'eau, il manque son coup, il tombe, il se casse une jambe et il reste quelque temps suspendu par un bras entre deux poutres, le reste du corps plongé dans l'eau froide.

On arriva assez à temps pour le sauver ; mais après des douleurs inouies, sa jambe fut mal remise ; d'ailleurs, le froid excessif lui occasionna l'éthisie. Il vécut infirme et cul-de-jatte, jusqu'à l'âge de vingt ans, puis il mourut.

## *Le véritable amour filial.*

Un enfant tout-à-fait aimable pleurait la perte de son cher père.

Un de ses camarades voulut le consoler, en lui représentant qu'il avait toujours été bien obéissant à son père, qu'il l'avait tendrement aimé et qu'il avait été toujours plein de respect pour lui.

« Je le pensais ainsi, répondit le
« petit garçon, lorsque mon père
« vivait ; mais à présent je me rap-
« pelle avec douleur que j'ai été
« souvent indocile et négligent ;
« et, malheureusement, il n'est
« plus temps de lui en demander
« pardon ».

*Les deux petits coureurs.*

Deux enfans se mirent à courir pour s'emparer d'une pomme qu'ils avaient vue de loin par terre.

« Certainement c'est moi qui « l'aurai, dit le petit Auguste, car « je cours mieux que toi ». En disant ces mots, il avait, en effet, déjà gagné quelques pas sur son camarade. Mais, qu'arriva-t-il ? que trop empressé, il ne regarda point devant lui, et qu'il tomba sur une branche qui était dans le chemin. Eh bien ! qui eut la pomme ? Ce ne fut pas le plus leste, mais le plus avisé.

**FIN.**

www.ingramcontent.com/pod-product-compliance
Lightning Source LLC
LaVergne TN
LVHW050620090426
835512LV00008B/1588